AF262326

L'ASSEMBLÉE

EST-ELLE

SOUVERAINE?

PAR

LE Cte DE GARDANE

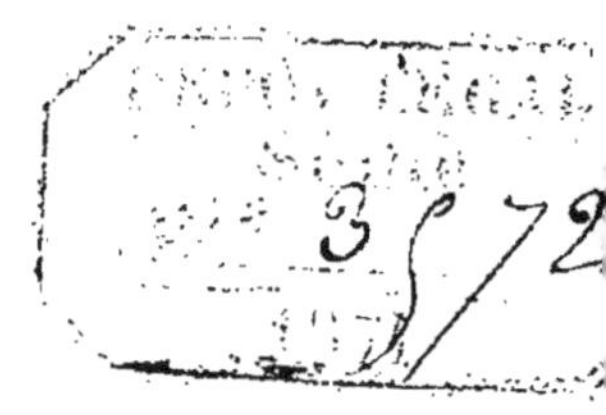

> Les peuples qui sacrifient leur liberté à leur sécurité n'ont ni liberté ni sécurité, et méritent de perdre l'une et l'autre.
> FRANKLIN.

PARIS

L. LE CHEVALIER, LIBRAIRE-ÉDITEUR

61, RUE RICHELIEU, 61

1874

Paris. — Typ. Georges Chamerot, rue des Saints-Pères, 19.

L'ASSEMBLÉE

EST-ELLE

SOUVERAINE?

La violation des lois est le mal de la France, la cause de sa déchéance parmi les nations.

Le roi viole la Charte en 1830 ; le peuple de Paris se lève, combat pendant trois jours au cri de : « Vive la Charte ! » et la vieille monarchie s'écroule. En février 1848, au contraire, c'est un petit nombre de mécontents qui tout à coup déchirent insolemment la Charte, et, sans provocation, sans motif aucun, renversent les institutions de la France et le souverain qui avait su maintenir la paix et donner au pays une liberté, une prospérité rivales de l'Angleterre.

Puis c'est le président de la République qui s'empare du pays dans une nuit qui sera maudite jusqu'à notre dernière génération.

Une révolution a eu lieu le 4 septembre 1870, cette fois légitime. La France a ressaisi ses droits au milieu d'un désastre peut-être unique dans son histoire.

Aujourd'hui le pays et l'assemblée qu'il a élue en février 1871 ne sont pas d'accord.

Le fait est patent.

C'est d'une manière éclatante que la nation manifeste sa volonté, et l'Assemblée fait sentir la sienne d'une façon non moins évidente, en maintenant sur presque la moitié de la France l'état de siége.

De la nation ou de l'Assemblée qui a raison? qui a tort? où est le droit ?

L'Assemblée se prétend souveraine.

Si elle l'est, il faut nous taire, notre devoir est d'obéir. Elle a le droit d'éterniser, s'il lui plaît, l'état des choses, et aussi d'imposer au pays le gouvernement qu'elle voudra.

Si elle ne l'est pas, ce qu'elle fondera sur cette prétention est nul, et nous devons défendre énergiquement notre droit.

Le désordre le plus terrible pour une nation, c'est quand les citoyens ne défendent pas leurs droits avec fermeté, quand les lois sont violées par ceux qui les font et qui, les premiers, leur doivent le respect ; c'est la déconsidération dans laquelle pourraient tomber les pouvoirs publics et la représentation nationale devant le pays et à l'étranger.

L'opportunité de la question ne saurait être plus grande en présence des déterminations que l'Assemblée va être appelée à prendre dans quelques jours.

L'Assemblée croit que la nation, en la nommant, a abdiqué sa volonté.

Nous pensons qu'elle est dans une grande erreur, que c'est dénaturer complétement le principe de l'élection.

L'élection n'est qu'un moyen ingénieux de permettre à un grand nombre de se gouverner, en se résumant dans un petit nombre qui le représente fidèlement.

L'électeur n'abdique pas sa volonté, il la fait exécuter par un autre.

Qui devrait le savoir mieux que l'Assemblée ?

N'y a-t-il pas là des chefs d'usine, de grands propriétaires, des directeurs de chemins de fer, de compagnies d'assurance, de grandes sociétés industrielles et commerciales ? Leur est-il jamais venu à la pensée que les représentants qu'ils élisaient étaient leurs maîtres ?

L'Assemblée n'est qu'un grand pouvoir constitutionnel; c'est la nation française qui est la souveraine.

Cette souveraineté, qu'est-ce ? Pas autre chose, au fond, que la liberté du pays, le droit légitime de se gouverner selon ses besoins, comme il lui plaît, de n'avoir aucune volonté au-dessus de la sienne.

Tous les pouvoirs dérivent de la nation.

Elle, elle ne tient les siens que de la marche du temps, des progrès de la raison.

L'Assemblée existe pour représenter les volontés de la nation, qui la nomme parce qu'elle déclare qu'elle a les mêmes volontés que la nation. C'est l'accord des volontés qui est la condition, la raison d'être de l'Assemblée. Elle doit être le plus ferme soutien de la volonté nationale, son défenseur le plus intrépide.

Les prérogatives de l'Assemblée ne sont déjà que trop considérables, ne lui en donnons pas qui ne lui appartiennent en aucune manière. Ne dénaturons pas nos institutions, et d'un instrument utile de gouvernement ne laissons pas créer une puissance funeste.

N'est-ce donc rien que l'honneur de représenter ses

concitoyens? n'est-ce donc rien que cette confiance publique dont l'Assemblée est investie? Et puis est-ce que toutes les dignités, tous les bénéfices de l'État ne sont pas pour elle? de quoi ne dispose-t-elle pas? n'est-elle pas à peu près maîtresse de tout? jusqu'où ne va pas son influence?

Elle peut perdre le pays, le ruiner, sans que cela tire pour elle à conséquence : elle est mandataire sans responsabilité, sans garantie et sans recours. Cela ne lui suffit pas, elle trouve que ses droits ne sont pas assez étendus ! Que veut-elle donc de plus?

Nous trouvons que cela n'est ni juste ni raisonnable. Des priviléges énormes, contraires à nos lois fondamentales, des monopoles contraires à l'intérêt général, ne méritent pas d'être agrandis, mais d'être supprimés.

C'est à les restreindre, à les définir clairement, à les cantonner avec soin, que s'appliquera une sage constitution.

Le moment est bien choisi pour élever ces prétentions, et la France doit vraiment des actions de grâces à ses assemblées ! La dernière nous a perdus en votant la guerre avec la plus coupable légèreté, et celles qui l'ont précédée avaient préparé nos malheurs par la destruction de nos libertés publiques.

Il faut les commotions politiques ou sociales qui bouleversent les empires jusque dans leurs fondements pour troubler à ce point les notions les plus claires, et renverser tous les principes.

Penserait-on qu'il est plus rationnel que trente-huit millions d'individus fassent les volontés de sept cent cinquante députés, que ceux-ci les volontés de la nation ?

Si l'Assemblée est souveraine, la nation est sujette. Les députés ne font plus des lois pour le pays, ils lui dictent la loi. Si la nation et l'Assemblée veulent une chose différente, c'est la nation qui doit céder, la volonté de l'Assemblée qui doit prévaloir sur la sienne. Elle est au-dessus de la nation, qui doit respecter ses volontés souveraines. Elle est nommée par le pays pour faire des lois sans tenir compte des volontés du pays, contre les volontés même du pays, s'il lui plaît.

L'Assemblée est-elle bien convaincue que ce soit là sa mission ?

Quand on a de si étranges prétentions, il ne suffit pas d'affirmer, il faut prouver son droit.

Comment l'Assemblée est-elle souveraine ?

Elle est souveraine, dit-on, par délégation.

Qu'elle montre le titre de cette délégation ou la loi qui lui confère la souveraineté qu'elle invoque.

Elle ne peut la tenir que de Dieu, de son épée ou du consentement national. Il faut s'appuyer sur la foi, sur la force ou sur la raison.

Dieu n'a pas donné la France à l'Assemblée ; l'Assemblée n'a rien conquis, elle ne peut donc tenir cette souveraineté que de la nation.

Eh bien, la nation a-t-elle voulu l'en investir ; le pourrait-elle ?

La nation proteste et dit non.

L'Assemblée soutient le contraire.

Force est, pour arriver à la vérité, de recourir au contrat en vertu duquel elle siége ; d'examiner les stipulations intervenues entre elles.

Quel est donc l'acte d'où elle tire son droit et auquel

il faut recourir pour savoir quelle a été l'intention des parties contractantes ? La profession de foi des députés, il n'y en a pas d'autre. C'est là le pacte public auquel la nation souscrit par la nomination des impétrants, et d'où naissent des obligations réciproques. C'est un contrat dans toute la force du terme ; il y a l'accord des parties, la publicité la plus étendue, il y a toutes les solennités de la forme. L'acte est parfait. Il doit être respecté également des deux côtés. Voudrait-on qu'il le fût par l'une des parties et non par l'autre, qu'il le fût seulement par la nation ?

La profession de foi est un engagement ; elle est la règle du député, de laquelle il ne peut s'écarter : sa violation est un acte immoral qui mérite le blâme, un acte indigne d'un honnête homme. Elle rompt le contrat synallagmatique entre elle et les électeurs. Ceux-ci ont donné leur voix contre ces promesses. C'est ainsi que le candidat est devenu député et qu'il jouit des avantages attachés à cette situation, si ardemment convoitée.

Qu'on nous montre une seule profession de foi où le candidat à la députation ait osé élever la prétention au droit souverain, y ait fait seulement allusion. D'autre part, où a-t-on vu les électeurs manifester la volonté de se dépouiller de leurs droits souverains ?

Qui est-ce qui sollicite ? Qui est-ce qui fait des déclarations et des promesses ? le candidat à la députation. Et que sollicitent-ils tous en terme formel, en terme consacré, dans leur profession de foi ? un mandat ! l'honneur de représenter leurs concitoyens, comme ils disent alors. Que promettent-ils ? de représenter fidèlement leurs électeurs.

Et, après cela, on vient nous dire qu'ils sont souverains ! Non, c'est un mandat qu'ils ont sollicité des électeurs, un mandat que ceux-ci ont entendu leur donner.

Ils sont mandataires, ainsi qu'ils se nomment eux-mêmes aux élections. C'est là leur vrai titre, leur droit à la représentation : ils n'en ont pas d'autres.

Ce ne sont pas les solliciteurs qui imposent des conditions aux sollicités, ce sont eux qui les subissent. C'est ainsi que les choses se passent, aux élections comme ailleurs.

La France n'a voulu et n'a pu donner à l'Assemblée qu'un mandat.

Qui ne sait que le fond de tout contrat synallagmatique est un échange, que chacune des parties estime que ce qu'elle reçoit est juste l'équivalent de ce qu'elle donne en retour ; que, sans cette opinion, chacun garde ce qu'il a, et qu'il ne se fait rien ; qu'il faut encore qu'il y ait, de part et d'autre, égal intérêt à l'affaire pour qu'elle se conclue ?

Eh bien, quel intérêt aurait la nation à se dessaisir de la souveraineté ? Aucun.

Que pourrait-elle recevoir en échange qu'elle pût considérer raisonnablement comme un équivalent ? Absolument rien.

En dernière analyse, qu'y a-t-il ?

Il y a, d'une part, des électeurs qui ont besoin d'être représentés, et, de l'autre, des hommes qui désirent la députation pour l'honneur et les avantages qu'elle procure, et qui offrent leurs services de représentants.

La députation se donne en échange de la représentation.

Mais quelle nécessité y a-t-il, pour la nation, que les députés soient souverains? Aucune. Elle a tout intérêt, au contraire, à ce qu'ils ne le soient pas.

La nation pourrait-elle se dessaisir de la souveraineté?

Non. Tous les grands publicistes, tous les peuples libres sont d'accord sur ce point : que cette souveraineté est, de sa nature, inaliénable; qu'elle ne se loue pas, qu'elle ne se vend pas, qu'elle appartient à toutes les générations.

Si un individu ne peut se vendre, une nation ne peut pas davantage se dessaisir de sa souveraineté, qui, au fond, n'est absolument que sa liberté.

Loin donc qu'elle soit souveraine, l'Assemblée est liée par son mandat. Les rapports entre elle et la nation sont ceux du mandataire et du mandant. Elle est élue non dans son intérêt à elle, mais dans l'intérêt du pays, afin de faire ses affaires comme il désire qu'elle les fasse, dans l'esprit suivant lequel il les ferait lui-même. Elle est élue pour un objet déterminé.

Les députés, en effet, ne sont pas députés à tout faire, mais pour faire seulement certaines choses que la nation ne peut pas faire elle-même, ou ne pourrait faire utilement. Sinon, pourquoi l'Assemblée ne déciderait-elle pas ce que la nation mangera, comment elle se vêtira, à quelle heure elle se lèvera, à quelle heure elle se couchera?

Le mandataire n'a pas le droit de faire tous les

actes que le mandant a le droit de faire lui-même, mais seulement ceux auxquels son mandat l'autorise.

Les députés ne peuvent exercer légalement que les droits à eux conférés par la nation. Elle se réserve implicitement tous les autres.

En effet, la souveraineté nationale est une chimère, elle n'existe pas, ou elle correspond à quelque chose de réel, elle a un domaine. Mais si elle est une chimère, elle ne donne aucun droit, et les députés n'ont que des droits chimériques.

Quel est ce domaine inviolable, sacré, de la nation, qui reste en dehors de l'action des lois ?

Aux États-Unis, le Congrès ne peut toucher à certains droits : avant tout, à la liberté de la presse, au droit de pétition, à celui de réunion, à la liberté des cultes.

Chez nous, qu'est-ce qui est sacré, qu'est-ce qui est inviolable ?

Cependant, si l'Angleterre modifie sans secousse ses lois, si elle progresse en évitant les révolutions, c'est qu'elle a la liberté.

Si quelque chose doit être inviolable, c'est la pensée. Si elle n'est pas libre, il n'y a rien de libre. La liberté de la presse est la conséquence naturelle de la souveraineté nationale, qui ne peut exister sans elle. Elle est la première de nos libertés, nécessaire à l'existence, à l'exercice de toutes les autres. On ne peut y toucher sans porter atteinte en même temps à la souveraineté de la nation, et personne n'a ce droit.

Le monopole de la presse est le plus odieux des monopoles. Que personne ne parle ou que tout le monde puisse parler honnêtement. Tous également libres ou tous également esclaves !

Avec les prétentions de l'Assemblée, en quoi consisterait donc la souveraineté de la nation ? A élire des députés qui manqueraient à leur parole, violeraient leurs promesses, lesquels seraient remplacés au bout de cinq ans par d'autres faisant de même, et continuellement ainsi. La nation aurait le droit d'élire à perpétuité, et les députés de violer leur parole jusqu'à la fin des siècles.

Mais alors cette moquerie ne durerait pas longtemps : la nation n'aurait aucun intérêt à voter, et ne voterait plus. S'imagine-t-on qu'on se rendrait aux urnes pour le plaisir de jeter un bulletin ?

Il en résulterait forcément la suppression de l'Assemblée, devenue un rouage inutile, dont le pays ferait sagement l'économie.

L'Assemblée doit représenter la nation.

Il ne doit y avoir ni antagonisme ni rivalité entre elles. C'est pour prévenir ces éventualités redoutables que le chef du pouvoir exécutif a été armé du droit de dissolution. Lorsqu'il a des raisons de croire que l'Assemblée n'est plus d'accord avec le pays, que fait-il ? Peu importe par le fait de qui l'accord ait cessé, il dissout l'Assemblée et fait appel au pays, et celui-ci la remplace par une autre qui réfléchit mieux son image, qui exprime sa volonté.

Le dissentiment qui se produit n'aurait pu se prolonger si la séparation des pouvoirs eût existé. Mais si elle n'existe pas, à qui la faute ? Relever les pouvoirs qui sont à terre, réorganiser un pays désorganisé, n'est-ce pas la première chose qu'aurait faite une Assemblée pénétrée de ses devoirs et qui n'aurait pensé qu'à la patrie et à son désastre ?

Si elle eût agi comme elle devait agir, si la séparation des pouvoirs existait, comme elle devrait exister, l'Assemblée pourrait-elle se mettre au-dessus de la nation ?

Mais depuis plus de trois ans l'Assemblée est le seul pouvoir ; tous les autres sont ses délégués et lui sont subordonnés.

Dans quel intérêt a-t-elle agi ainsi ?

Parce que, par sa faute, le pays n'est pas constitué, c'est de là que l'Assemblée tire sa souveraineté ?

L'Assemblée, ayant fait son devoir, serait dissoute ; ne l'ayant pas fait, elle est souveraine? elle peut tout faire ? il n'y a plus de principes ? C'est un bel exemple qu'elle donnerait au pays !

La valeur du contrat repose entièrement sur l'accord des volontés de l'Assemblée et du pays. Si cet accord vient à cesser, de quelque côté que provienne le changement de volonté, il n'y a qu'un moyen de sortir honorablement d'affaire pour ceux qui représentent : c'est de donner leur démission de représentants, puisque ce rôle n'est plus dans la réalité des choses.

Que l'Assemblée actuelle n'oublie pas la terrible dénonciation que le prince Louis-Napoléon lança contre une autre Assemblée pour motiver le Deux Décembre.

Élue dans un moment où le sort de la nation semblait désespéré, précipitamment, sur les injonctions de la Prusse, quelle était la mission de l'Assemblée actuelle? Traiter pour la France de la paix ou de la guerre.

Était-elle constituante? Il est permis d'en douter. Ce n'est pas quand on ne savait trop si l'on existerait demain qu'on pouvait penser à lui donner ces pouvoirs. La situation ne le comportait pas. On ne savait pas même si l'on aurait la paix, puisque l'Assemblée était nommée pour en délibérer. Il était bien question à cette heure perplexe de constitution, de lois ! Il s'agissait de vivre ou de mourir. C'était là ce qui occupait les pensées d'une grande nation et remplissait tous les cœurs d'une patriotique angoisse.

Il faut le dire à son honneur : l'Assemblée, à cette heure, n'avait point d'opinion politique; elle était toute française devant l'ennemi. Pourquoi l'a-t-elle si vite oublié?

Quoi qu'il en soit, l'Assemblée, lorsqu'elle fut élue, ne croyait pas qu'elle fût constituante; il était évident que toutes différentes devaient être les conditions d'où devait sortir une constituante, et elle couvrait de ses applaudissements, à Bordeaux, M. Thiers lui disant qu'elle ne l'était pas.

Plus tard, l'Assemblée a changé d'opinion.

Mais si elle a pu croire sincèrement qu'elle avait reçu le mandat de constituer, alors elle avait le devoir de se conformer à son mandat en constituant sans perdre un instant, puisque, après la paix, c'était là le plus pressant besoin.

A-t-elle agi dans l'intérêt du pays en prolongeant trois ans une situation dangereuse?

Les trois ans de provisoire ont causé à la France un immense préjudice ; une mauvaise politique a fait presque autant de mal que la guerre la plus fatale.

L'Assemblée a perdu la chose la plus précieuse dans la situation du pays : le temps ! Elle a dissipé trois ans, trois siècles ! Elle n'en avait pas le droit ; ce droit appartenait à la France, et non à elle. Qui peut savoir l'influence que cette conduite peut avoir sur le sort de notre patrie ?

En l'absence d'un pouvoir exécutif indépendant, qu'elle n'a pas jugé à propos de nous donner, l'Assemblée, dans l'impuissance, devait faire ce que celui-ci eût fait dans une semblable situation. Qu'aurait-il fait ? Il aurait appelé une nouvelle représentation.

Voilà ce que l'Assemblée était tenue de faire librement d'elle-même ; la noble confiance que la nation avait mise dans sa loyauté, dans son patriotisme, lui en faisait un devoir impérieux.

La France ne serait pas dans la position périlleuse où elle est si l'Assemblée n'avait préféré mettre tous les pouvoirs en tutelle pour mieux agir en souveraine.

L'Assemblée parle vraiment comme si elle eût conquis la France. Son langage serait à peine concevable dans la bouche d'un vainqueur. Mais de quel droit a-t-elle pris cette attitude vis-à-vis du pays ? Qu'est-ce qui justifie le ton, les menaces qu'on a entendues ? Est-ce la grandeur des services, l'éclat des talents ? Les héritiers de l'antique monarchie ne se le permettraient certainement pas, ils montreraient plus de déférence ; Napoléon, qui s'adressait au monde en maître, y eût mis plus de mesure. Où sont les victoires de l'Assemblée ? Où est sa gloire ? De quoi est-elle donc si fière ? A part quelques hommes d'un vrai talent, la France a-t-elle jamais eu une Assemblée si faible et si vaine ? Jamais les affaires de la France furent-elles si bas? Jamais la France fut-elle si humiliée?

Quand on veut tenir un langage de conquérant, il ne faut pas avoir eu le malheur de passer sous les fourches caudines de la Prusse !

Lorsque la France faisait à un homme extraordinaire, bien à tort, le sacrifice de sa liberté, c'était au moins contre une immense gloire.

L'Assemblée se trompe, elle fait preuve d'une grande inexpérience politique. Elle faisait espérer mieux dans cette mémorable séance de Bordeaux où, ayant M. Thiers à sa tête, elle se leva dans un mouvement unanime de patriotique indignation et décréta la déchéance de l'empire. Plût à Dieu qu'elle eût persévéré, et qu'elle eût mis ses actes d'accord avec ses paroles! Qu'elle se persuade que ce ne sont pas des lois draconiennes qui la feront respecter, qui rendront le gouvernement fort. C'est quand la nation aura confiance en voyant à sa tête des hommes vraiment fiers, patriotes, qui respecteront le pays et ne le laisseront pas humilier, dont les actes prouveront qu'ils ont la volonté de la relever, de sacrifier à cette œuvre leur fortune et leur vie.

Sa vraie force est dans son union avec le pays. Il faut absolument gouverner avec l'opinion. Il n'y a pas d'autre moyen de gouverner aujourd'hui ; tous les autres sont chimériques, condamnés par la science, et conduisent aux révolutions.

L'Assemblée voulait rétablir la monarchie ; et néanmoins elle a fait tout ce qu'il fallait pour en éloigner la France, pour en retarder le rétablissement. Ce n'était pas en se déclarant souveraine, en violentant le pays, qu'elle pouvait raisonnablement espérer atteindre ce but.

Surtout, au lieu de se déclarer l'ennemie de la liberté, elle devait la mettre du côté de la monarchie, et se garder soigneusement de la mettre du côté de ses adversaires. Elle aurait dû se souvenir que c'est lorsque la monarchie s'est séparée de la liberté, lorsqu'elle a voulu être absolue, que le pays s'est éloigné d'elle et a commencé à contester son droit. Tant que la monarchie et la liberté ont fait bon ménage, la nation et la royauté ont vécu d'accord.

C'est en réconciliant la monarchie avec la liberté qu'elle eût réconcilié la nation avec la royauté.

En se déclarant souveraine contre tous les principes et contre le droit national, qu'a fait l'Assemblée? Elle n'est pas devenue souveraine, mais elle a laissé mettre en doute sa bonne foi; elle a perdu la confiance du pays, qui s'est éloigné de la monarchie en haine de l'Assemblée.

Si le droit divin est tombé devant le libre examen, croit-elle que la loi positive qui ferait d'un peuple la légitime propriété d'un homme en vertu de la prescription ou d'une autre loi le supporterait mieux? S'il est impossible de s'appuyer ni sur le droit divin, ni sur le droit civil pour établir la monarchie, sur quoi donc peut-on s'appuyer? Sur l'intérêt national; sur la conviction de la majorité des Français que c'est la forme de gouvernement qui peut assurer la plus grande somme de biens possible à la société française; celle, en un mot, qui est le plus en rapport avec son origine, ses habitudes; sur l'utilité qu'il y a pour eux à l'adopter. Il faut prouver que c'est le gouvernement le plus rationnel pour la France et faire pénétrer ces idées dans les esprits. Il faut employer la raison, et non la force.

La chute de l'empire devait être la répudiation de la violence, de la ruse ; la reconnaissance, en face de l'univers, du droit de la France brutalement foulé aux pieds par la force ; l'éclatant retour aux libertés publiques, à la vérité, à notre vieille loyauté ! C'était à une Assemblée française qu'appartenait l'honneur de proclamer les éternels principes.

C'était la volonté du pays en renversant l'empire. Il l'attendait de son Assemblée, il espérait que les malheurs qui accablaient la patrie élèveraient les âmes au-dessus de l'égoïsme et des passions. Il comptait sur une Assemblée de patriotes et de sages.

C'est sur le terrain de la liberté et de la justice, en faisant appel à tous les sentiments généreux de notre race, qu'elle devait convier tous les Français à l'union nécessaire au salut commun.

Si elle eût été vraiment politique, elle aurait tenu compte des faits et reconnu que la France est divisée en deux grands partis dont les forces, si elles ne se balancent pas exactement, ne sont pas si disproportionnées que l'un puisse l'emporter sur l'autre sans déchirement, et soit assez puissant pour être assuré d'une longue existence. Dans l'état des choses, une transaction est ce qu'il y a de plus honorable à la fois et de plus raisonnable.

Il faut donner satisfaction à tous les intérêts : aux aspirations républicaines du pays, et, en même temps, à l'opinion des monarchistes.

Si ingénieuses que soient les combinaisons, elles aboutiront toutes, en définitive, après des luttes, à ceci : ou une république nominale avec des institutions monarchiques, ou une monarchie avec des institutions républicaines.

La monarchie constitutionnelle résolvait le problème aussi bien qu'un tel problème peut l'être, et, ce qui prouve qu'elle répondait à tous les besoins, c'est la prospérité qu'elle a donnée à la France.

Aujourd'hui, le fait si considérable et si heureux, pour la nation, de la réconciliation de la maison de France, nous semble devoir faciliter singulièrement la solution.

L'Assemblée peut donner un grand exemple. Elle a le devoir de protester, au nom de l'éternelle justice, contre le fait violent par lequel une poignée d'hommes a, en 1848, déchiré la Charte et renversé le souverain qui respectait les lois.

C'est le fait accompli, dit-on; est-ce que mille ans d'injustice rendent un fait juste ?

Elle peut relever la Charte, rétablir l'état des choses en déclarant qu'elle soumet respectueusement cette décision à la volonté parfaitement libre de la nation, en lui faisant appel au nom de la justice et de la raison.

Mais le pays seul peut disposer de lui-même !

Ce n'est que dans le droit que la nation trouvera la sécurité et le repos. On n'établira rien d'utile et de durable si l'on ne commence par respecter les droits du pays. La liberté et le respect de la loi, voilà nos derniers remparts contre les ennemis du dedans et ceux du dehors.

La France sera libre, ou elle périra.

Nous espérons qu'un souffle puissant de liberté et de loyauté se lèvera bientôt du pays, et nous désirons que l'Assemblée elle-même, éclairée par l'expérience et réveillée au sentiment de la réalité, au nom de la France, donne le signal d'un mouvement national d'appaisement et de conciliation. Qu'elle se rappelle que tous les partis ont eu des leurs frappés par les mêmes balles, et qui reposent fraternellement à côté les uns des autres, dans la même espérance !